中国文化
知识读本

ZHONGGUO WENHUA ZHISHI DUBEN

古代书院

金开诚◎主编

王　越◎编著

吉林出版集团有限责任公司
吉林文史出版社

图书在版编目（CIP）数据

古代书院 / 王越编著 .—长春：吉林出版集团有
限责任公司：吉林文史出版社，2010.3（2022.1重印）
（中国文化知识读本）
ISBN 978-7-5463-2671-9

Ⅰ.①古… Ⅱ.①王… Ⅲ.①书院－简介－中国
Ⅳ.① G649.299

中国版本图书馆 CIP 数据核字（2010）第 045872 号

古代书院

GUDAI SHUYUAN

主编/ 金开诚 编著/王越
项目负责/崔博华 责任编辑/曹恒 于涉
责任校对/王凤翎 装帧设计/曹恒
出版发行/吉林文史出版社 吉林出版集团有限责任公司
地址/长春市人民大街4646号 邮编/130021
电话/0431-86037503 传真/0431-86037589
印刷/三河市金兆印刷装订有限公司
版次/2010 年 3 月第 1 版 2022 年 1 月第 4 次印刷
开本/650mm×960mm 1/16
印张/8 字数/30千
书号/ISBN 978-7-5463-2671-9
定价/34.80元

《中国文化知识读本》编委会

关于《中国文化知识读本》

　　文化是一种社会现象，是人类物质文明和精神文明有机融合的产物；同时又是一种历史现象，是社会的历史沉积。当今世界，随着经济全球化进程的加快，人们也越来越重视本民族的文化。我们只有加强对本民族文化的继承和创新，才能更好地弘扬民族精神，增强民族凝聚力。历史经验告诉我们，任何一个民族要想屹立于世界民族之林，必须具有自尊、自信、自强的民族意识。文化是维系一个民族生存和发展的强大动力。一个民族的存在依赖文化，文化的解体就是一个民族的消亡。

　　随着我国综合国力的日益强大，广大民众对重塑民族自尊心和自豪感的愿望日益迫切。作为民族大家庭中的一员，将源远流长、博大精深的中国文化继承并传播给广大群众，特别是青年一代，是我们出版人义不容辞的责任。

　　《中国文化知识读本》是由吉林出版集团有限责任公司和吉林文史出版社组织国内知名专家学者编写的一套旨在传播中华五千年优秀传统文化，提高全民文化修养的大型知识读本。该书在深入挖掘和整理中华优秀传统文化成果的同时，结合社会发展，注入了时代精神。书中优美生动的文字、简明通俗的语言、图文并茂的形式，把中国文化中的物态文化、制度文化、行为文化、精神文化等知识要点全面展示给读者。点点滴滴的文化知识仿佛颗颗繁星，组成了灿烂辉煌的中国文化的天穹。

　　希望本书能为弘扬中华五千年优秀传统文化、增强各民族团结、构建社会主义和谐社会尽一份绵薄之力，也坚信我们的中华民族一定能够早日实现伟大复兴！

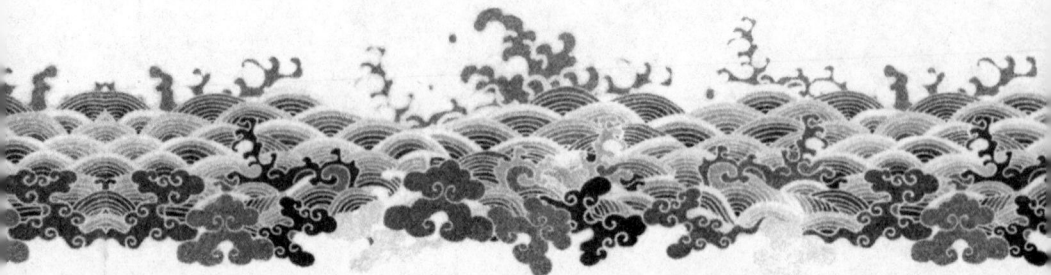

【目录】

一　唐代——书院的起源

唐玄宗李隆基像

（一）官方所设书院

书院一称最早出现于唐玄宗开元年间（713-741年），距今已有一千二百多年了。唐代的书院分为官方所设书院和私人所建书院两类。由唐代中央政府所设的书院先后叫做乾元书院、丽正书院和集贤书院。根据史籍记载，当时最早出现"书院"名称的是"丽正书院"以及"集贤殿书院"。需要指出的是，书院在当时只是作为朝廷藏书、校书之所，并非教育士子的教育机构。然而说到集贤殿书院，就不能不提到唐玄宗在位时的整理内库图书运动。

我国图书事业的发展到隋朝时期已经具有了比较大的规模，唐朝建立后，一方面继承了隋朝政府的藏书，另一方面又从民间收购图书，并命人整理、校勘、写录、收藏。但是由于这些图书一直缺乏更为系统的整理，到了开元初年，书籍纷乱、断简残篇的情况已经非常严重。为此，唐玄宗亲自发起了一场整理内库图书的运动，而集贤书院就出现在这一运动中。

根据《旧唐书》《新唐书》《集贤注记》《唐会要》等相关史书记载，这场整理内库图书运动的主要经过如下：

开元三年（715年）冬，唐玄宗命侍读马怀素与褚无量整理图书。开元五年（717年），唐玄宗在东都洛阳正式下令部属，在东都乾元殿下，分经、史、子、集四部校写内库图书，并广采天下异本进行传写、收藏，称为乾元院或者乾元书院。设刊正官四人，褚无量为判院事，负总责，又设押院中使一人，知书官八人。

开元六年十二月，乾元院更名为丽正修书院，又名丽正书院或丽正院，先后由褚无量、元行冲等继续领导搜书、校书，并从事编目、编纂书籍等工作。同时，院内还相继增设文学直与修撰、

江西鹅湖书院

校理、刊正、校勘官以及丽正院修正学士，又先后在西京长安（今陕西西安西北）光顺门外与东都明福门外设置了丽正书院。

开元十三年（725年），张说等修撰的《封禅仪注》一书告成。同年四月，为庆贺此事，唐玄宗亲自在集贤殿宴请有功之臣，并下令将丽正修书院改名为集贤殿书院，又名集贤书院或者集贤院，让他们在此继续从事图书的搜集、校写与编撰等工作。到了开元十九年（731年）冬，集贤书院经过了自乾元书院以来的对图书的不断整理、补充，已建立了一套规模可观并较为系统的藏书。院中藏书共八万零八十卷，其中经库一万三千七百五十二

江西鹅湖书院一景

江西鹅湖书院内景

卷，史库两万六千八百二十卷，子库两万一千五百四十八卷，集库一万七千九百六十卷。

书院最初的任务只是帮助皇帝了解经史典籍、举荐贤才和提出某些建议供皇帝参考、选用，这和后来意义上的书院根本不同。由此可知，唐代所创立的丽正书院及集贤殿书院是中国古代最早以"书院"命名的机构，而此后所说的"书院"就是起源于此，不过丽正书院及集贤殿书院却只是"书院"名称之始，而并不是作为教育机构的书院之始。虽然如此，在文化灿烂的盛唐，这一官方学术机构的出现，还是对当时的官僚、

江西鹅湖书院石桥

文人产生了重要的影响。

（二）私人所建书院

　　唐代有些私人读书讲学之所也称为书院。据地方史志所载，共有三十多所，分布于九个省区，这些私人所建书院是读书人自己治学的地方。可以说书院始于私学，因此"书院是私学的高级表现形式"的看法是有道理的。关于唐代私人所建的书院，从《全唐诗》中可以查到以下一些有关的诗作：卢纶的《同耿拾遗春中题第四郎新修书院》与《宴赵氏昆季书院因与会文并率尔投赠》、王建的《社中丞书院新移小竹》、杨巨源的《题五老峰下费君书院》、吕温的《同恭夏日题寻真观李宽中秀才书院》、贾岛的《田将军书院》等等。这些诗作大都是安史之乱以后，也就是唐代后期的作品。从这些作品中可知，这类书院大都是文人、学者个人读书或者研讨学问之所。

私人所建书院中，有三所书院在地方志中有记载。一所是费君书院，在虞乡县（今山西永济）的五老峰下；一所是李秀才书院，在衡阳的石鼓山；另一所是南溪书院，在南溪县北部。可见，当时的书院已经分布在中国各处，成为较为普遍的场所。据地方志与其他书籍记载，在今属湖南、福建、江西、四川、浙江、陕西、广东、山东诸省境内，唐代还有一些私人所建的书院，比如说衡山的韦宙书院、卢藩书院和邺侯书院；耒阳的杜陵书院；攸县的光石山书院；皇寮书院，在江西吉水县，唐通判刘庆霖建以讲学；松州书院，在福建漳州府，唐陈珦与士民讲学处；义门书院，在江西德安县，是唐义门陈衮建立的；梧桐书院，在江西奉新县，唐罗靖、罗简讲学之处。这些私人所建的书院，大多数也都是个人隐居读书的所在，不过有的已经有了讲学、授徒的活动。比如，皇寮书院的创建人刘庆霖在所创书院中讲

福州正谊书院古籍

始建于南宋的白鹭洲书院

崇正书院

学；桂岩书院的创建人幸南容曾在所创书院"授业"。

后一种书院的出现表明，具备学校性质的书院在唐代时就已经产生了，但为数不多，从书院的发展史来看，仅仅是萌芽。

二　五代——书院的萌芽期

907 年，朱温废唐称帝，成为后来的后梁太祖，改元开平，建立了后梁（907-923 年），中国历史从此进入五代十国时期。从此，在我国北方，后梁、后唐、后晋、后汉、后周五个王朝频繁更迭，在我国南方，长江流域以及以南地区，则是除去北汉以外的吴、吴越、前蜀、楚、闽、南汉、南平、后蜀、南唐九国割据称雄的局面，也就是所谓的十国。这段历史时期是我国分裂战乱、动荡不安的时期，因而书院难以有较大的发展。但是另外一方面，战乱使得官学废弃殆尽，导致唐末战乱之后，士子求学成为一种社会问题，从而为书院萌芽的发展提供了一种可能。事实上，在

横山书院

具备适宜条件的个别地区，书院还是有所发展的。

这一时期比较重要的书院有东佳书堂、匡山书院、梧桐书院等。

东佳书堂位于南唐境内德安东林山下，该书堂始建于唐末。东佳书堂即义门书院，乃唐朝九江郡蒲塘场太平乡常乐里永清村（今车桥镇义门陈村）义门陈氏讲学授徒之所，是具有学校体制的私人书院。从时间上看，早于白鹿洞书院。

匡山书院在太和（今江西泰和县城东匡山下）。后唐明宗长兴年间（930-933年），里人罗韬建，是我国最早的书院之一，历时千年。罗韬（886—969年），字洞晦，

花州书院一景

号静逸先生，又号匡山子，匡苑前乡书院村人，以传授圣人学问、培育贤才为己任，慷慨出资创建了一座书院，供前来示学的人读书住宿。他还在书院建孔圣殿、五经阁，并置学田，供给书院的费用。后唐明宗知道他的学生很多，教绩显著，

花州书院

当地民风日益变好，特颁敕书表彰，还命翰林学士赵凤书写了"匡山书院"的匾额赐给书院。

梧桐书院原名"梧桐书屋"，是奉新最早的一所书院。南唐时期，梧桐山上隐居着饱读经书、品行高洁、不愿做官的罗

花州书院

氏两兄弟。兄长叫罗靖，字仁节，人称中庸先生；弟弟叫罗简，字仁俭，人称诚明先生。两兄弟在梧桐山的南面构筑房舍，开设书院，讲授义理之学。因山上多梧桐，所以书院取名梧桐书屋。

在南唐境内，有一所庐山国学，为宋朝著名书院白鹿书院的前身。此一前期工程不仅为书院提供了必备的物质条件，而且为书院积累了丰富的教学经验，书院诸多特点皆形成或孕育于此时。书院经过国学阶段的不断运用、实践、推广、发展，终至完备。就此而言，庐山国学不愧为转型期的一个重要里程碑，在中国书院发展史上占有一定的地位。

庐山国学又名白鹿洞国学、白鹿洞书馆、白鹿国库、白鹿国学、庐山书堂等，位于庐山五老峰下的白鹿洞，南唐升元四年（940年），南唐政权在李渤隐居的地方建立学馆，称"庐山国学"，又称"白鹿国学"。这是一所与金陵（今南京）国子监相类似的高等学府，除李善道外，在庐山国学任教的还有陈贶、朱弼等人。

陈贶，南闽人，他在庐山国学任教长达三十年，许多生徒都出自他的门下。

朱弼，字君佐，建州（今福建建瓯）人，他在庐山国学任教时，很善于教学，深受生徒的爱戴。由于仰慕他的名声，前来庐山国学肄业的生徒增加了很多。

嵩阳书院

五代——书院的萌芽期

南唐时候庐山国学曾造就出不少杰出的人才，其中比较著名的有李中、伍乔、江为、刘洞、杨徽之、卢绛、段鹄、孟归唐、李寅、何昌、刘式等。

在战乱频仍的五代时期，南唐书院却能有所发展，庐山国学尤其能在培养人才方面取得明显的成就，这绝非偶然。首先，当时南方诸国与中原地区相比，战乱相对较少，无论是社会环境还是人民生活都相对稳定，因而社会经济仍有向上发展的趋势，而南唐在南方诸国中，堪称是"大邦"，因此这种情况自然有利于文化教育的发展；其次，南唐的三位君主李昪、李璟和李煜都喜好儒学，其中李璟、李煜更是中国历史

南溪书院

上著名的词人，自然很重视文化教育，李璟还亲自到庐山国学视察过。领导者的重视，是南唐教育事业发展迅速的一个重要原因。

五代时期，除了南唐以外，在其他地区也曾出现过新的书院。比如洛阳的龙门书院，登封的太乙书院，以及窦禹钧在其家乡渔阳（今天的津蓟县）所建的书院等。

五代时期，有的书院已经具有了较大量的藏书，并能为家境贫寒的学生提供资助，有的书院还有专供解决办学经费的学田。另外，白鹿书院的前身庐山国学，还出现了"升堂讲释"的教学形式以及"日课"，所有这些都对日后的

南溪书院一景

南溪书院一景

书院产生了影响。不过也应该看到，这一时期，作为学校形式的书院数量仍旧较少，在书院的发展过程中，五代时期仍为萌芽状态。

从唐至五代时期的书院来看，科举制度是促进书院发展的重要力量。书院与科举联姻的主要原因包括：儒家传统文化的影响、封建家族维护稳定和发展的需要及书院教育家的榜样作用等。书院与科举的联姻在促进书院发展的同时也使书院演变成另一种形式的官学，从而阉割了书院自由讲学、独立研究的办学精神，这一历史教训令人深思。

三 北宋——书院的短暂勃兴

宋太祖赵匡胤像

（一）宋初著名书院简介

后周显德七年（960 年），后周大将赵匡胤发动陈桥兵变，建立宋朝，定都开封（今属河南），史称"北宋"，赵匡胤就是宋太祖。

宋初，战乱频仍的局面渐渐有所好转并最终结束，从而为文化教育事业的发展提供了有利的条件与环境，在这样较为安定的生活环境中，士子们的求学愿望愈发强烈。但是由于宋朝封建统治者将主要精力都投入到了军事、政治和财政等方面以图加强中央集权，对教育事业，特别是官学的发展则重视不够，导致宋初八十年国家没有兴学，官学没有任何新的发展，中央仅勉强维持了国子监与太学。官学的不振、地方教育的缺失，既不适应海内承平、文风日起的社会形势，也不利于政权的建设。国民教育全赖书院，历史赋予书院以替代官学的角色，而官府和民间都把握了难得的机遇，在满足教育需求的努力中，强化了书院的教学功能，使书院以学校的名义获得了称闻天下的盛名，这就为书院的全面兴起提供了契机，有责任感的中国士人自觉地分担起培养人才、教育世人的职责，他们又开始聚书山林，建院讲学。

　　北宋书院的历史可以划分为两个发展阶段。第一阶段是自宋太祖建隆元年至宋仁宗庆历三年（960-1043年），兴复、创建书院二十一所，这一阶段的书院凭借朝廷和地方官府的推波助澜营造了显赫的声势，获得了社会的肯定。此外，这一时期书院显著的特色是教育教学功能，以为国家培养人才为己任；第二阶段，自庆历四年至北宋末年（1044-1126年）创建、兴复书院三十六所，书院进入了一个实质性的发展期。这时的北宋政权相对稳固，官学逐渐兴起。官学的复苏影响了书院的发展，书院失去了官府的支持，有的书院如白鹿洞书院被废弃，有的书院如应天府书

院被改为府、州、县各级官学。但书院
的深植民间使它获得了更多发展的养分
和空间，书院的其他文化功能也在满足
文化需求中得到了相应的发展，书院和
科举相结合是强化教育功能的最大体现，
民间书院中以读书应试而扬名者不少，
于是培养更多状元成了书院的自觉追求。
北宋时期的书院围绕科举考试组织自己
的教学，强化了自唐代以来即有的教育
功能。

关于宋初的著名书院，迟至从南宋
以来，一直有所谓"四大书院"的说法，
但对于"四大书院"的具体所指，却说
法不一。总结起来，有这样几种说法，

岳麓书院石桥

一是嵩阳、岳麓、应天府、白鹿洞说，主要见于宋人吕祖谦的《白鹿洞书院记》等；二是祖徕、金山、石鼓、岳麓说，见于宋人范成大的《衡山记》；三是白鹿洞、岳麓、嵩阳、茅山说，见于宋人袁燮的《四明教授厅续壁记》；四是白鹿洞、石鼓、应天府、岳麓说，见于元马端临《文献通考》、明人王祎《游鹿洞记》等；五是睢阳、石鼓、岳麓、白鹿洞说，见于明人李梦阳的《大梁书院碑记》。尽管说法不一，但可看出岳麓、白鹿洞、应天府、嵩阳、石鼓、茅山六所书院是为后世所较多提到的，可以看成是宋初较为有名的六所书院。

岳麓书院一景

　　岳麓书院位于长沙市湘江畔岳麓山下，其前身可追溯到唐末五代（958年）智睿等二僧办学。北宋开宝九年（976年），潭州太守朱洞在僧人办学的基础上，正式创立岳麓书院。南宋理学家朱熹等曾在此讲学，据说，鼎盛时期从学有千人之多。从岳麓书院至湖南大学的千年办学历史，反映了中国教育制度的变迁，是我国高等教育发展史的一个缩影。岳麓书院所在的长沙岳麓山自古就是文化名山。西晋泰始四年（268年）麓山寺创立，六朝建道林寺，唐代马燧建"道林精舍"。唐末五代智睿等二僧建屋办学，形成书院的雏形。北宋开宝九年（976年），潭州太守朱洞因袭扩建，创立岳麓书院；大中祥符八年（1015年），宋真宗赐"岳麓书院"敕额，岳麓书院遂为全国四大书院之一。岳麓书院创立伊始，即以其办学和传播学术文化而闻名于世。

白鹿洞书院的创始人可以追溯到唐朝的李渤。南唐升元四年（940年），南唐政权在李渤隐居的地方建立学馆，称"庐山国学"，又称"白鹿国学"。北宋初年，江州的乡贤明起等，在白鹿洞办起了书院，"白鹿洞书院"之名由此而来，但不久即废。直到著名理学家朱熹重修书院之后，白鹿洞书院才扬名国内。朱熹不仅重修了白鹿洞书院，而且还建立了严格的书院规章制度。《白鹿洞书院教条》是教育史上最早的教育规章制度之一。自朱熹之后，白鹿洞书院"一时文风士习之盛济济焉，彬彬焉"。它与岳麓书院一样，成为宋代传习理学的重要基地。

嵩阳书院（又名应天书院）位于河南省郑州登封市嵩山南麓，太室山脚下，因坐落在嵩山之阳故而得名。宋代理学的"洛学"创始人程颢、程颐兄弟都曾在嵩阳书院讲学，范仲淹、司马光等也

岳麓书院亭榭

曾来此讲学，此后，嵩阳书院成为宋代理学的发源地之一。嵩阳书院经历代多次增建修补，逐渐形成规模，布局日趋严整。

应天府书院又称睢阳书院，唐哀帝天祐四年（907年）唐朝灭亡，中国历史进入"五代十国"分裂时期。官学遭受破坏、庠序失教，中原地区开始出现一批私人创办的书院，应天府书院由此而生。宋贞宗时得皇帝赐名"应天府书院"，并成为宋代较早的一所官方书院，宋代人称"天下学校自此而兴"。名扬天下的范仲淹就是这所书院最出色的学生之一，他也曾到该书院任教。1043年，宋仁宗下旨

岳麓书院牌匾

将应天书院改为南京国子监，成为北宋最高学府之一。

石鼓书院建于湖南衡州石鼓山，故而得名。宋太宗至道三年（997年），州人李士真请求郡守在这里建立书院，招收生徒讲学。朝廷赐"石鼓书院"敕额，《文献通考》列为"宋兴之初天下四书院"之一。仁宗时一度荒废，到南宋孝宗时，因旧址复院扩建，规模大增。朱熹曾为之做记。

茅山书院位于江苏金坛茅山，又名金山书院，为隐居茅山的处士侯遗所建，院址在江宁府三茅山后侧，故称茅山书院。当时办院经费由书院自筹，侯氏在此教授生徒十余年。仁宗天圣二年（1024年），经江宁知府王随奏请，朝廷赐给田亩，充书院经费。南宋咸淳七年（1271年），迁至金坛县顾龙山之麓。

除了以上较为有名的六所书院之外，宋初还有其他几所相对也较为出名的书院。

徂徕书院位于山东徂徕山，徂徕山又称龙徕山，是泰山东南的著名山峰，徂徕书院就建在山北。徂徕书院的创建人是著名学者石介，人称徂徕先生。徂徕书院存在时间很短，随着创办人的病逝而消逝。

与徂徕书院一时并称，闻名遐迩的另一所书院是泰山书院，这是由石介的老师孙复所创，位于泰山凌汉峰下，石介和孙复等都曾在此讲学。

在宋初八十余年间，这些书院一是依凭着中央与地方官府这样一个强大的权力资源，扮演着替代官学的角色，它们和位居京师开封府的国子监一起，构成了从地方到中央的官学体系，承担着国家最主要的教育任务，这种状况一直到仁宗景祐年间，先后改书院为州府学时才开始改变，到庆历兴学时基本结束；二是他们替代官学数十年之久，强化了书院的教育功能，从此学校性质成为书院的主流，教育教学成为书院最主要的功能；三是它

岳麓书院

岳麓书院是我国古代四大书院之一

们可以视为中国书院教育制度基本成立的一个标志，作为一种比较成熟的教育制度，书院包含讲学、藏书、祭祀、学田四大基本规制。

（二）庆历之后书院发展情况

宋初，朝廷从建立和加强中央集权统治的需要出发，曾极力提倡科举、招揽人才。宋初统治者的这种政策，一方面对巩固宋王朝的封建统治起到了一定的作用，但另一方面也在士子中造成了一种企图侥幸获得名利而不扎实刻苦学习的风气，因此一些有识之士相继而起，指出科举制度的弊端，主张兴学育才。庆历之后，宋朝先后有三次兴学之举：

1. 庆历兴学

这次兴学始于仁宗庆历四年（1044年）三月，由范仲淹主持推动。庆历三年（1043年），范仲淹奏上《答手诏条陈十事》作为庆历新政的纲领，其中前四项都与科举教育改革有关。次年，朝廷正式下诏兴学，措施主要有以下几个方面：

第一，诏州县立学，选部属官或布衣宿学之士为教授，并立听讲日限，规定士须在学校习满三百日，方许应举。这项措

范仲淹石像

施旨在避免学校流于形式，沦为单纯为应试举人取解的场所，进而保障学校的正常教学秩序。

第二，振兴太学，选用拥护新政的著名学者石介、孙复主持太学讲席，将胡瑗的"苏湖教法"引进太学。

第三，设立四门学，允许八品至庶人子弟入学，扩大了中小庶族地主子弟入学深造的机会。

第四，改革科举考试方法。科举考试先策论，后诗赋。

庆历兴学中，将胡瑗的"苏湖教法"定为太学的教学法，表现出这次兴学力图在太学教育中贯彻"明体达用"

范仲淹是我国古代卓越的文学家和教育家

的精神，以培养学生实际才能为意向，是这次兴学对教育进行改革的重要体现。庆历新政实施不过一年多，便在旧官僚权贵集团的强烈反对下失败，兴学也告夭折。但毕竟促成了宋代学校教育的兴起，一些改革措施对后世也有重大影响。

2. 熙宁兴学

宋神宗即位后不久，朝野上下就围绕着学校和科举如何培养、选拔人才的问题，开始了内容更为广泛、深入的变法运动。主持和推进熙宁兴学的代表人物是著名的政治改革家和学者王安石。

纪念范仲淹的牌楼

北宋——书院的短暂勃兴

宋神宗熙宁二年（1069年），王安石任参知政事，主持变法大计。此后，朝廷陆续颁布了一系列的兴学诏令。其具体内容主要包括以下几个方面：

第一，改革太学体制。在太学实施三舍法，将太学生员分为外舍、内舍、上舍三个等级，生员依学业程度，通过考核，依次升舍。三舍法的实施强化了学校的职能，有力地保障了日常教学的进行，并使得学校教育的课业与考试更加规范化。

第二，颁布《三经新义》。为了统一经学，熙宁六年（1073年）设经义局，王安石亲自修撰《诗》《书》《周礼》三经

王安石像

古代书院
034

嵩阳书院藏书楼

义，由朝廷正式颁行，成为官方考试、讲经所依据的标准教材。

第三，举办专门学校，以培养具有一技之长的人才。熙宁五年（1072年），复置武学。熙宁六年（1073年）设置律学。此外，还设置了医学，分为方脉科、针科、疡科，设教授一员，学生三百人。

第四，扩建和整顿地方官学。设置诸路学官，学官任免由中央政府直接控制，全权负责管理当地教育。朝廷还为地方学校拨充学田，从而在物质条件上为州县学校的维持提供了保障。

虽然熙宁、元丰兴学的历时时间较庆历兴学的长，但随着神宗的去世与高太后

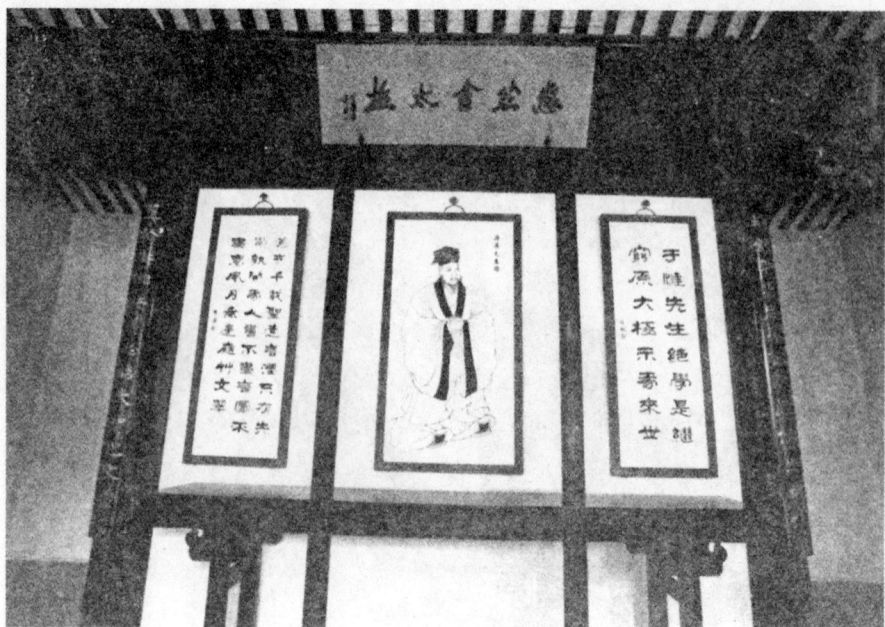

修复后的岳麓书院被列为全国重点文物保护单位

的当政（其时哲宗年幼），这次兴学也中途夭折。

3. 崇宁兴学

到宋徽宗即位后，打起继承先皇（神宗）之政的旗号。崇宁元年（1102年），尚书右仆射兼门下侍郎蔡京奏请兴学贡士，朝廷随之发布一系列诏令，内容主要包括以下几个方面：

第一，州县普遍设学，县学亦置小学，在各地方学校也实行三舍法。县学生可升入州学，州学生可贡入太学。至此，形成了遍布全国州县的学校网络。

第二，扩建太学。崇宁元年（1102年）

在京城南郊营建太学之外学，赐名辟雍，规模仿《周官》外圆内方之制。

第三，以学校取代科举取士。崇宁三年（1104年）诏罢科举，士人全部由学校升贡，每岁考试上舍生入礼部试法。次年赐上舍生三十五人及第，以后又间行科举，与舍选并行。宣和三年（1121年）恢复科举旧制，但太学仍保留崇宁定制。

第四，兴办专门学校。崇宁三年（1104年）设置书学、画学、算学等专业学校，采用太学三舍法考选取士。崇宁时期的画学是中国古代唯一举办过的专门美术学校。

发端于崇宁间的这次兴学，一直延续到徽宗宣和初年。宣和三年（1121年），朝廷下诏恢复科举取士，除太学仍用三舍法外，州县一律终止实行三舍法。自崇宁以来的兴学运动就此终结。

北宋庆历以后的三次兴学虽然都未能持续下去，但这三次兴学在促进宋朝中央与地方官学的发展方面取得的成就还是很大的。而官学的蓬勃发展以及在三次兴学中一再强化的入学与入仕之间的联系，势必将读书士子的注意力从书院引向官学。在这种情况下，宋代初期所建的一些书院渐受冷落自然是不可避免的。于是，原有

长廊挂有历代名家书法

北宋——书院的短暂勃兴

的著名书院有的荒废了，有的则与官学合二为一了。

（三）名师高徒

北宋的书院曾经出了多位名师，当时著名的讲学者或是主持人有孙复、石介、李靓、周敦颐、曾巩、程颢、程颐、杨时等。

石介（1005-1045年），字守道，一字公操，兖州奉符（今山东泰安东南）人。石介是宋初著名的文学家，因曾在家乡徂徕山下讲学，所以后人称他"徂徕先生"。他和孙复、胡瑗在泰山书院开馆收徒，提倡师道，号称"宋初三先生"。

曾巩（1019-1083年），字子固，南

苏东坡像

东坡书院坐北朝南，院门
轩昂宏阔，古雅别致

丰（今属江西）人。从李觏受学于南城盱
江书院。宋嘉祐二年（1057年）登进士第。
历任太平州司法参军、越州通判、中书舍
人等。北宋文学家，"唐宋八大家"之一。
曾经学于由他在抚州香楠峰所建的兴鲁书
院，著作有《元丰类稿》。

　　程颢（1032-1085年），宋代理学家、
教育家。字伯厚，人称明道先生，河南府
（今河南洛阳）人。与程颐为同胞兄弟，
世称"二程"，嘉祐进士。他曾讲学于嵩
阳书院，著作被后人编入《二程全书》。

东坡书院石碑

程颐（1033-1107年），教育家。字正叔，人称伊川先生，北宋洛阳人。与其胞兄程颢共创"洛学"，为理学奠定了基础。

北宋书院的著名生徒，曾在书院肄业的著名人物除了上面提到的石介、曾巩之外，还有范仲淹、宋庠、宋祁、郑獬等。

范仲淹（989-1052年），字希文，和包拯同朝，为北宋名臣，政治家、文学家，谥号"文正"，吴县（今属江苏）人。曾就学于应天府书院，有《范文正公集》传世。

宋庠（996-1066年），原名郊，字公序，入仕后改名庠。安州安陆（今湖北安陆）人，生于宋太宗至道二年（996年），后徙开封之雍丘。曾就学于分宁的芝台书院与樱桃书院。天圣初，举进士第一。历任大理评事、知制诰、参知政事、枢密使等。著作有《宋元宪集》四十卷等。

宋祁（998-1062年），字子京，安陆（今湖北安陆）人。天圣初（1023年）与兄宋庠同举进士，当时称为"二宋"。累迁同知礼仪院、尚书工部员外郎、知制诰。又改龙图学士、史馆修撰。因所写《玉楼春》词有"红杏枝头春意闹"的名句，被人称为"红杏尚书"。修《新唐书》，为列传一百五十卷。拜翰林学士承旨。卒谥景文。

四 南宋——书院的成熟期

嵩山书院碑刻

（一）发展概况

靖康二年二月，金军废掉宋徽宗、钦宗两位皇帝，至此北宋灭亡。同年五月，康王赵构（1107-1187年）在应天府即位，改元为建炎（1127-1130年），他也成为宋高宗。此后向南迁移，并于绍兴八年（1138年）定都临安（今浙江杭州），历史上称为南宋。书院经过宋初的发展高潮和北宋后期的沉寂，在南宋时期走上了一条宽广、繁荣的道路。

南宋时期的印刷技术已经相当发达，图书出版业比较繁荣，出现了大量的书局。书籍的大量流通使得从前不知书为何物的乡村子弟有了读书学习的渴望和要求。乡村书院大量出现，相较州县书院兴办的复杂，乡村书院的建立相对简单，可操作性强。许多士大夫为传播本土思想，纷纷踏入兴办乡村书院的行列，乡村书院数量众多，规章相对完备而且非功利，民间的力量为书院的发展起到了很大的推动作用。在南宋这段历史时期内，我国的今属江西、福建、湖南、浙江、四川、广东、安徽、广西等许多地区都有新的书院建立。在南宋一百五十三年的统治时期内，书院共计四百四十二所，是北宋书院总数的六倍，

登封市嵩山嵩阳书院石阶

是唐、五代、北宋共五百多年间书院总和的三倍。

南宋书院的发展，以宋理宗时期最为繁荣。理宗是南宋比较有作为的一个皇帝，史书中将其亲政后的一些改革称为"端平更化"，他采取了宽松的文化政策，允许学者自由讲学和建立理学宗庙，奖励一些较有作为的书院。在这之后出现了许多著名书院，据有关文献记载，当时比较著名

嵩阳书院内古柏

的书院分别有应天明道书院、苏州的鹤山书院、丹阳的丹阳书院、太平天门书院、徽州紫阳书院等等。这些书院不论是在办学规模、培育人才数量还是在学术研究的深度方面都有很大成就，宋理宗时期所建书院占整个宋代所建书院的一半。南宋时期，书院还发展到了少数民族聚居的地区。比如在当时少数民族居住的黎州（今四川汉源北）曾建立过一所玉渊书院。南宋时期，江西、浙江、福建和湖南四省所建书院的数量最多，南宋书院不仅数量大为增加，而且在规模上也有所扩大，功能更加完备，形成了研究、讲学、藏书、刻书、祭祀、学田六大规制。

绍兴十二年（1142年），官府开始兴学，将临安府学扩充为太学，次年，各州县学逐渐建立。由于南宋是一个偏安一隅的小朝廷，投资教育的财力相对有限，既不能满足社会各方面对人才的需求，也不能满足国民对教育的渴求，所以官学在南宋期间的影响十分有限，政府只能将培养人才的重任寄希望于书院，对书院的发展采取支持的态度。于是大量书院开始重

嵩阳书院成为宋代理学的发源地之一

建，因此南宋被视为是我国书院的大发展时期。

在南宋"嘉定更化"之前，也就是建炎至开禧年间建立起来的书院主要有：钓鳌书院、碧泉书院、龙光书院、石洞书院、道山书院、城南书院、寒泉书院、龙门书院、武夷精舍、应天山精舍、修江书院、长春书院、凤岗书院、竹林精舍、河山书院、丽泽书院、龙川书院等等。此外，除了一些新建书院，一些原来就有的书院在这一历史时期也得到了复兴，比如岳麓书院、白鹿洞书院等。

武夷书院

在这一时期的书院创建与修复过程中，南宋理学家们起了非常重要的作用。南宋是书院发展史上最重要的一个发展时期，最大的特点是在学术大师的指导下，书院作为一种文化教育制度得以完全确立。主要表现为以下两个方面：一是书院与理学的一体化。南宋的学术大师们继承唐代书院整理典籍，以书院作为基地，各自集聚了大批的学者，努力经营壮大自己的学派，集成学术成就。将学术与书院的发展推向了一个前所未有的大繁荣时期，并开创了将书院与学术一体化的传统。从此书院作为一种组织，成为推动我国古代学术发展的重要力量。二是书院教育制度得以完全确定，

嵩阳书院的石刻

它不仅吸取了官学与私学的经验，而且吸取了佛教与道教的经验。书院制度的确立标志着我国教育进入了书院、私学、官学并行的时代。

两宋之际，金兵南下，战乱频繁，再加上不断涌现的农民起义，四川向东沿江一线战火连年不绝。北宋时期创建的书院大都毁于战火，各地的官学也没能逃脱战争的破坏。为了重建书院，在士人中重新确立正确的、积极的价值观，理学家们将书院和理学的传授相结合并将其推向发展的高潮。张栻、吕祖谦、朱熹、陆九渊是南宋最著名的理学大师，其中张、吕、朱三人的观点主张更为接近，历史上称其三人为"东南三贤"。张栻曾在碧泉书院学习，后创立城南书院并在此讲学，后来还应邀主讲天下著名书院。他的书院经验和阅历最为丰富。吕祖谦除了自创书院并讲学外，还曾协助朱熹管理白鹿洞书院，并安排了著名的鹅湖之会，协调于永康、永嘉各派学者的讲学等，对书院作出了很大贡献。朱熹是理学的集大成者，曾到岳麓、城南书院讲学，他经历了书院运动的全过程，穷其一生致力于书院的兴复与辉煌。陆九渊曾讲学于白鹿洞书院，他钟情于精舍，对书院建设作出了很大贡献。

武夷山朱熹纪念馆

理学大师们在对书院长期建设的实践中，明确了书院的目标。南宋初年理学家开展的书院运动从兴复北宋原有的著名书院开始。"东南三贤"的前辈胡宏自创书院，他的努力使得作为学生辈的张栻等人明确了建立书院的追求目标之一应是谋求官方和民间两种力量共同推进书院建设。淳熙八年（1181年），在朱熹说服下，孝宗皇帝为白鹿洞书院赐书、赐匾额，朝廷又开始用实际行动支持书院的建设，此时民间对书院的支持是一直存在的，至此，理学家们实现了第一个目标，书院进入了官民共同推动

朱熹像

的新时期。南宋理学家们的第二个目标是批评学校科举的教育模式，建立与州县官学并存，并且修正沉迷于科举教育弊端的另外一种官方的教育模式。南宋理学家们追求的书院理想是：书院不以科举为目的，而是以讲学为指归，希望化解生徒们的利禄之心，培养真正传道济民的人才。南宋理学家们经过艰苦卓绝的努力，最终确立了独具特色的书院制度。

（二）名师高徒

朱熹在南宋书院的发展历史上，占有着重要而独特的地位。他不仅积极参与书院的创建与复兴，并且是这一时期最重要的书院教育家，他对我国书院的发展所作出的努力，对南宋乃至以后的书院发展起到了重要的作用。

朱熹（1130-1200 年），字元晦，后改仲晦，号晦庵，别号紫阳，祖籍徽州婺源（今属江西）。南宋著名理学家、思想家、哲学家、诗人。朱熹是程朱学派的主要代表，是宋代理学的集大成者，他继承了北宋程颢、程颐的理学，完成了客观唯心主义的体系。他认为理是世界的本质，"理在先，气在后"，提出"存天理，灭人欲"的观点。

嵩阳书院

从政为官只占据了朱熹一生中一小部分的时间，他将主要精力都放在了教育与学术研究上，书院教育是朱熹从事的一项最重要的教育实践活动。一方面是在他生活的时代，理学还没有为当权者所认可和重视，所以很多理学思想只能通过书院传播；另一方面是作为学者的朱熹对于官学沦为科举制的附庸从而造成"人才日衰"的现状非常不满，除了提出尖锐的批判之外，只能倚靠书院来实现他的育人和治学的理想。

朱熹一生曾经在多所书院从事过教育活动，乾道三年（1167年），朱熹出游长沙，拜访张栻，曾讲学于城南书院和岳麓书院；

安徽歙县朱熹像石雕亭

淳熙七年（1194 年），在重建白鹿洞书院初步告成时，也曾一再到此书院讲学；绍熙五年（1194 年），策划修复岳麓书院并讲学；"庆元党禁"期间，他在避地古田时曾讲学于当地的溪山书院和螺峰书院；闲居崇安和建阳两地时，还一手创建了寒泉精舍、武夷精舍、竹林精舍等。此外，还曾讲学、授徒于东阳的石洞书院和建阳的瑞樟书院。"居家则寒泉谈经、武夷授课、沧州讲学，外任则白鹿书院、漳州道院、岳麓书院，随政兴学，门人弟子遍布天下。"

朱熹最重要的书院教育活动之一是他为白鹿洞书院制定的一份学规——《白鹿洞书院揭示》（又称《白鹿洞书院学

庐山白鹿洞书院

规》《白鹿洞书院教条》），在学规中，朱熹明确指出书院的教育宗旨——进行关于"父子有亲、君臣有义、夫妇有别、长幼有序、朋友有信"的"五伦"教育，明确了书院生徒的为学顺序，包括"博学""审问""慎思""明辨""笃行"。另外，朱熹在长期的书院教学过程中，总结提出了不少有价值的教学原则和教学方法。除了《白鹿洞书院揭示》中体现出的学思结合、知行合一之外，还有重视教育学生立志与启发式教学、博专结合等。朱熹还主张以15岁为界，将学校教育划分为小学教育与大学教育两个阶段，并提出过一套"朱子读书法"，分为"循序渐进""熟读精思""虚心

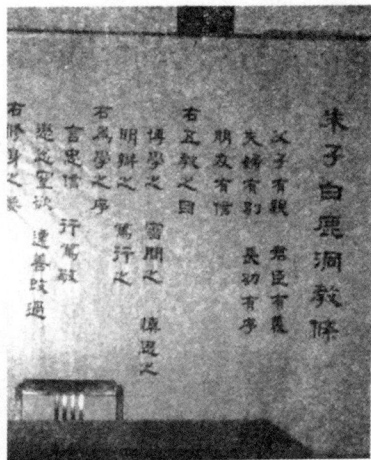
《白鹿洞书院教条》是教育史上最早的教育典章之一

白鹿洞书院傍山而建，一簇楼阁庭园尽在参天古木的掩映之中

涵泳""切己体察""著紧用力""居敬持志"六条，以指导生徒的读书学习。淳祐元年，宋理宗亲笔手书《白鹿洞书院揭示》赐予太学，这意味着《白鹿洞书院揭示》已成为御颁的教育方针。从此，这一学规被越来越广泛地推行于南宋以及元、明、清各代的书院，并对官学也产生了深远的影响。

南宋时期，在书院讲学后任主持人的著名人物还有胡安国、胡宏、张栻、吕祖谦、陆九渊、陈亮、叶适、黄蜍、蔡沈、真德秀、魏了翁、王柏、刘辰翁等。

胡安国（1074-1138年），字康侯，建宁崇安（今福建武夷山）人。绍圣四年进士，为太学博士。绍兴间曾授徒于碧泉书院。著有《春秋传》，今存三十卷；又有文集十五卷、《资治通鉴举要补遗》一百卷，今已逸。《全宋诗》卷一三七〇录其诗二十二首。胡安国还是湖湘学派的先驱和奠基者。

胡宏，胡安国之子，字仁仲，号五峰，人称五峰先生，崇安（今福建崇安）人。湖湘学派创立者。以荫补承务郎，终生没有做官，长期隐居于衡山下，曾讲学于碧泉书院和道山书院。主要著作有《知言》《皇王大纪》和《易外传》等。

有名师必有高徒，南宋书院在这一时期也出现了著名的生徒，如蔡元定、陈淳、

岳麓书院享有"千年学府"的美誉

文天祥文丞相祠

江万里、文天祥、张翌、吴澄等。

江万里（1198-1275年），字子远，号古心，都昌人。家学渊源，幼年在祖父所建的书馆内读书，神隽锋颖，连举于乡，后从父教，学《易》经，稍长，赴白鹿洞书院深造，后又游学于隆兴府东湖书院，分别创设过白鹭洲书院与宗濂书院。

文天祥（1236-1283年），原名云孙，字宋瑞，又字履善，自号文山、浮休道人，庐陵（今属江西吉安）人，南宋杰出的民族英雄和爱国诗人。著《文山全集》，名篇有《正气歌》《过零丁洋》等。宋理宗宝祐时进士，官至丞相，封信国公。临安

危急时，他在家乡招集义军，坚决抵抗元兵的入侵，后不幸被俘。文天祥以忠烈名传后世，受俘期间，元世祖以高官厚禄劝降，文天祥宁死不屈，从容赴义。生平事迹被后世称许，与陆秀夫、张世杰并称为"宋末三杰"。著作有《文山先生全集》《文山乐府》。

朱熹不仅重修了白鹿洞书院，而且还建立了严格的书院规章制度

（三）组织与活动

南宋时期是我国书院制度的成熟时期，除了前面所提到的"三大事业"——讲学、供祀、藏书有了长足发展以外，书院的建筑结构和经费支出也形成了一定的规制。

应天府书院又名睢阳书院、南京书院

南宋书院的组织管理主要包括设置管理人员和招收管理生徒两方面。南宋时期，书院的主持人称为"山长""院长""洞主""山主"等，以"山长"居多。除山长外，南宋时书院的管理人员还有副山长、堂长、讲书、学录、堂差、直学、司计、斋长、斋谕等等，其中，堂长是较为常见的管理人员，但不同书院堂长的地位与执掌不尽相同。南宋时期书院招收生徒一般不分籍贯，只有少数书院对于生徒要加以挑选，在对于生徒管理方面不少书院采用分斋制，各个书院所设斋数并不相同。

南宋书院的三大事业，其实也就是书院的三种功能——讲学、供祀、藏书。

讲学是书院活动的中心内容。在讲学方面，南宋书院的发展主要表现在以下几个方面：一是书院本身与官方都很重视为书院选择教师。比如东阳的石洞书院就曾经多次请朱熹、吕祖谦、叶适、魏了翁等名师前去讲学。二是不少书院讲授内容有鲜明的学派性，尽管儒家经典仍是南宋书院的主要教材，但是不同学派的代表人物，在其主持或是讲学的书院之中传授的仍是本学派的学说。三是不同学派可以在同一书院讲学，进行学术上的交流。比如乾道三年，作为闽学派代表的朱熹曾到湖湘学派代表张栻所主教的城南书院和岳麓书院同张栻"会讲"。四是地方官员积极参与

岳麓书院自卑亭

书院讲学活动。五是书院讲学同生徒自学相结合。南宋书院讲学中，对于儒家经典著作通常是在生徒自学的基础上有选择地就某一部分或者某一点进行讲解和阐发。六是书院讲学形式多元。五代时期就已经出现的"升堂讲释"的教学形式在南宋时期发展成为书院流行的主要讲学形式，同时还出现了生徒代讲以及生徒试讲同教师讲说相结合的新的教学形式。七是邀请名师讲学，非本书院人士也可前来听讲。

在供祀方面，南宋书院供祀"先贤"的活动不仅相当普遍，而且供祀对象也明显扩大。既有孔子及其弟子，也有北宋以

自朱熹之后，白鹿洞书院与岳麓书院一样，成为宋代传习理学的重要基地

来的理学家，还有乡贤名宦、文化名人以及和书院有关的人物。

在藏书方面，和北宋时期相比，南宋书院更加重视藏书。朱熹在兴复白鹿洞书院时期，除了奏请朝廷颁赐《九经注疏》等书以外，还曾经向江西诸郡以及四方学者广为征求图书。这一时期，为了满足书院生徒学习和书院本身藏书的需要，有些书院已经开始刻印图书，这种书院所刻印的书被称为"书院本"。比如嘉定十七年（1224年）白鹭洲书院所刻的班固撰、颜师古注《汉书集注》一百卷，绍定三年（1230年）象山书院所刻袁燮《絜斋家塾书钞》十二卷等等。

《白鹿洞书院教条》体现了朱熹以儒家经典为基础的教育思想

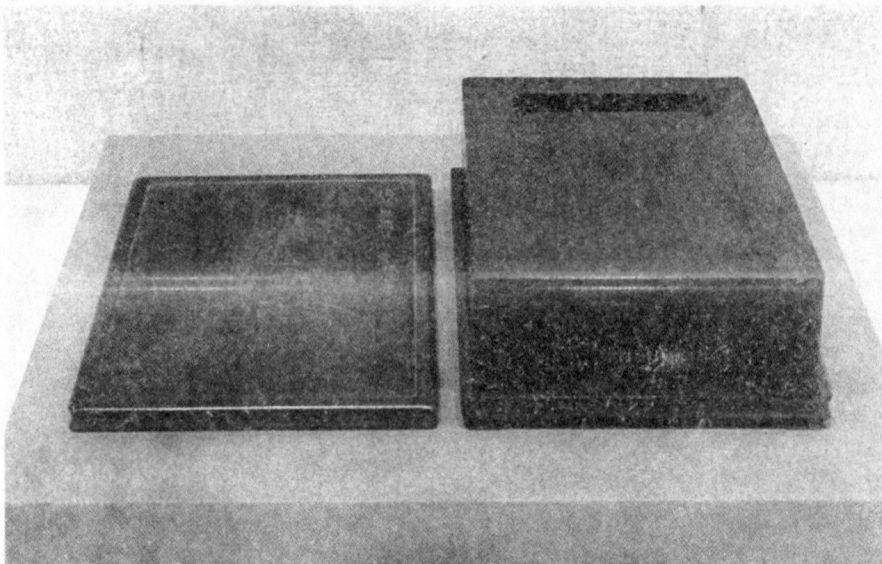

南宋岳鄂王天地盖抄手砚

伴随着这一时期书院组织管理的趋于健全和书院"三大事业"的发展，书院的建筑结构也形成了一定的规制。典型的南宋书院，其主要建筑包括礼殿、讲堂、斋舍、书楼等。其中，礼殿又称圣殿、大成殿或燕居堂等，是供祀孔子的处所；讲堂是教师讲学的处所；斋舍是生徒肄业、居住的处所；书楼是藏书的处所。至于经费，南宋书院一般倚靠学田的田租，这些学田，有的是私人捐赠，有的是官府所拨，另外还有给别的书院以抵质库的利息收入作为经费来源。这些收入主要用于供给书院管理人员和生徒所需以及书院的祭祀费用等。

五　元代——书院的官学化时期

元代末年，白鹿洞书院毁于战火

（一）发展概况

13世纪初，当金、南宋、西夏、大理各政权互相对峙征战而日趋衰落之时，我国北方大草原的蒙古族迅速崛起，并席卷全国。1271年，忽必烈建立元朝，至1279年灭南宋，完成了统一全国的大业。元朝的统一，实现了经济文化的大融合，元代为金戈铁马的蒙古贵族统治时期，但统治者不仅仅是草莽英雄，他们对儒家文化有着应有的尊重，有过创建两万四千四百所各级官学，使得全国每两千六百人就拥有一所学校的伟大政绩。当权者对于中国士人的文化教育组织——书院也很重视，多方扶持，而且蒙古人、色

目人、南人和汉人一起加入到建设书院的行列中，创造了"书院之设，莫盛于元"的历史记录。忽必烈建立了行省制度，在征服汉族的同时，重视儒教、重用儒士，大军过处，明令保护书院、学校。这些政策使得书院事业继续向前发展。

元代从1271年到1368年共九十八年，其间书院总数为四百零六所，其中新建书院二百八十二所，兴复旧有书院一百二十四所。朝廷采取开放书院办学的政策，提倡在政府的监督控制下发展书院教育，并且制定了相应的鼓励办学措施，

欧阳正焕任书院院长时，提出"整、齐、严、肃"四字并撰诗

元代——书院的官学化时期

嵩阳书院环境幽美，为读书胜地

通过多条途径创办书院。元代打破了自唐末以来书院由民间创办的传统，朝廷不但兴办书院，而且解决官府所办书院肄业学生的出路问题，对于那些不愿为官而隐居山林的讲学者，允许建立书院，自行讲学。据考证，民立书院在元代的书院建设中占据第一位。

元代官府创建的书院有专项资金、田产、编制，各级官员兼位任山长或者由官府聘任山长，对于民间创办的书院，官府也酌情给予资金、田产方面的补贴。书院的经济也有相应的管理制度，同时官府也从宏观上加强对民办书院办学思想的监控。

元代由官府兴建的书院很多，其中太极书院是最早的一所，同时也是影响最大的一所。太极书院于元太宗七年（1235年）在北京创办，院内有从中原搜集的儒家书籍八千余卷，依照岳麓、白鹿洞书院标准设计建造书院格局，供奉着理学开山祖师周敦颐，并聘请江南名儒士赵复等讲学其中。太极书院的兴建使得原本在长江流域盛行的书院文化传到了黄河以北地区，同时也把儒学尤其是理学带到了北方。伴随着太极书院的诞生，各地书院也纷纷涌现。

太极书院

在中国书院发展史上，元代的最大贡献在于其弥补了辽金时期的遗憾，将书院和理学一起推广到了我国北方地区，缩短了南北文化差距。但是与理学一体化的书院被当做官学，也就是书院官学化，成为元代书院最显著的特征。书院的官学化虽然使书院获得了一种和危害其发展的敌对势力相抗衡的政治背景和力量，也能保证办学的学田和经费等经济力量，但同时也使得书院原本充溢着的自由主义精神渐渐消失，书院教育失去了初衷和灵魂。元朝末年，由官府所选聘的山长大都沦为了政治官僚的傀儡和附庸，消逝了学术和思想上的锋芒，这也成为元代书院的一大遗憾。

（二）名师高徒

元代统治者非常推崇儒学，元代书院以传授儒家思想为主，主要是理学。宋代书院与理学相结合的形式在元代得到了确认，程朱学说确立了至高无上的地位。由太极书院开始，各书院以四书五经作为基本教材，鼓励学生参加科举考试。元代的一些著名学者都在书院讲学，比较著名的有赵复、李治、金履祥、吴澄、马端临、同恕、黄泽、袁桷、安熙、程端礼、祝蕃、郑玉、宋濂等。

赵复，字仁甫，又称江汉先生，德安（今湖北安陆）人，理学家。曾在太极书院讲学，弟子百余人，他的讲授活动使得

石鼓书院

书院往往修建在清雅静谧之地

因战争而长期阻隔的未能传入北方的朱学得以在北方传播开来。著有《传道图》《师友图》《希贤录》等。

李治，字仁卿，号敬斋，栾城人，金末进士。晚年授徒于封龙书院，精通数学。著有《测圆海镜》《益古衍段》《敬斋文集》等。

金履祥，字吉父，兰溪纯孝乡（今黄店镇一带）桐山后金村人。幼而聪睿，稍授之书，即能记诵。凡天文、地形、礼乐、田乘、兵谋、阴阳、律历之书，无不深入探究，尤其擅长朱学。南宋末年，他曾受聘讲学于严州钓台书院。元初，他亲自兴办了兰溪县仁山书院，并讲学于此。此外

石鼓书院始建于唐元和五年

还曾受邀讲学于齐芳书院、重乐书院等。著有《通鉴长编》《尚书表注》《论语集注考证》等。

　　吴澄，字幼清，晚字伯清，人称草庐先生，崇仁人。早年曾经求学于临汝书院，是与许衡齐名的元朝理学大师，时人称"北有许衡，南有吴澄"。吴澄学术的基本内容是继承宋代的理学，其理论折中于朱熹和陆九渊两派之间，而终归接近于朱熹的学说。吴澄的抱负是"以诗书安天下"，他长期授业教育，成效卓著。治学有方，授课得法，乃其所长，并为后人所仰。曾讲学于江宁江东书院、上饶白石书院。他授课时，对学生"各因其材质，反复训诱之，每至夜分，虽寒暑不易也"。写有《孝经章句》、校定《易》《书》《诗》《春秋》《仪礼》及《大小戴记》，会修《英宗实录》。

马端临，字贵与，饶州乐平（今江西乐平）人，宋末史学家。其父马廷鸾为南宋右丞相，曾任南宋国史院编修官与实录院检讨官，因触犯贾似道而回归故里。端临在家中侍奉父亲，博览群书。成淳年间，漕试第一，以荫补承事郎。宋亡，隐居不仕，历二十余年专心著述《文献通考》。在其父去世后，教授乡里，任慈湖、柯山二书院山长；台州儒学教授。

黄泽，字楚望，祖籍资州（今四川资中），后迁江州路（今江西九江），元代教育家。大德间先后任江州路景星书院山长、龙兴路东湖书院山长，受学者众多。卸任后，不复仕，闭门授徒以养亲。著有《六经补注》《翼经罪言》《易学滥觞》《春秋指要》等。

元代曾经在书院肄业的著名人物有许谦、柳贯、泰不华、陈南宾、方孝孺等。

许谦，字益之，号白云山人，浙江省东阳市人。师承金履祥，后来隐居在东阳八华山中开门讲学。他与何益、王柏、

白鹿洞书院的创始人可以追溯到唐朝的李渤

金履祥同为金华朱学代表人物，并称"金华四先生"。著有《读书丛说》《白云集》等。

柳贯，字道传，浦江人，从金履祥受业于兰溪的重乐书院。后历任江山县学教谕、江西儒学提举等，与黄虞集、揭侯斯、黄溍并称"儒林四杰"。著有《待制集》。

泰不华，字兼善，原名达普化，元文宗赐名泰不华，先世居白野山，随父定居临海。从周仁荣受业于美化书院，17岁获江浙乡试第一名。至治元年，赐进士及第，授集贤殿修撰，累迁至礼部侍郎。著有《顾北集》，又重编《复古编》，考订讹字。

方孝孺，方克勤之子，字希直，又字希古，号逊志，时人称"缑城先生"。又因在蜀任教时，蜀献王名其读书处为"正学"，亦称"正学先生"，师从宋濂于浦江的东明书院。著有《逊志斋集》。

（三）组织、制度与管理

元代书院的制度是由南宋书院制度发展演变而来的，除了带有承袭的特点之外，还具有其自身独特之处，最主要的特点就是它的"官学化"，这主要体现在书院的组织与管理方面。

庐山白鹿洞书院状元桥

在人员管理方面，元代书院的主持人一般称为"山长"，中原州县的书院山长由礼部任命，各行省所属州县的书院山长由行省或宣慰司任命，品级相当于下州的学正，山长可由学录、教谕升迁而来，这样元代的山长不仅成为学官的一种，而且还纳入了官吏的升迁系统。

在生徒方面，元代一些书院招收生徒不以籍贯为限，有些书院还招收年幼的学生入院，和成人区分教育。和南宋一样，在对于生徒的管理方面，元代书院多数采取分斋制。但是在生徒的去向方面，元代书院和南宋书院有着显著不同。根据元朝政府规定，元朝书院的生

武夷书院

徒经地方官举荐与监察部门考核，可以被用为学校的教官或是政府的吏员，从而改变了南宋政府对书院生徒去向不闻不问的状况。由此可见，元代政府在掌握了书院管理人员委任权的同时，还掌握了书院生徒的分配权，大大加强了对书院的控制。

元代书院和宋代书院一样仍以儒家经典作为主要教材，不同于南宋时期各个学派在本书院讲授本学派知识，元代书院所讲授的内容主要是程朱理学，这是因为元代科举考试的内容以程朱理学为主，这一点对元代整个学校教育

紫阳手植丹桂碑刻

造成深刻的影响。元代书院继承了宋代书院重视学生自学的传统，并且更加重视对生徒读书的指导，元代朱学派学者程端礼所著的《读书分年日程》就是这方面的一个代表，这是在吸收总结了以往包括书院教育在内的儒学教育经验的基础上提出来的，它的出现为后来的儒学教育，特别是书院教育提供了具体的指导。

元代书院又较为重视供祀宋代的程朱派理学家。比如，由行中书省杨惟中所建立的太极书院，在设祠供祀理学开山周敦颐的同时，以二程、张载、杨时、游酢、朱熹"六君子"从祀。伴随着书院的"官学化"，书院的祭祀活动也开始被元朝政府所关注，并且使之更加制度化了。

元代书院刻印图书的活动较之南宋时期有了很大的发展，不仅从事刻书活动的书院数量有所增加，所刻图书的种类和数量也都有所增长。其中，以仁和（今浙江杭州）的西湖书院最为有名。元代书院本刻书，因为山长多暇、勤于校勘以及书院有政府支持，不惜经费，所以颇有精本诞生。

元代书院的经费仍旧以收取学田的田租为主。这一时期的学田，既有政府拨的，也有私人捐赠的。一些书院如丹徒淮海书院、南阳诸葛书院等拥有学田上千亩，其中淮海书院拥有学田一万九千二百多亩，规模很大。

尽管元代的统治时间不过百年，但是由于勇于尝试和创新，书院在元代有了更为广阔的发展空间。在元代，书院建设队伍不断壮大，蒙古族、女真族等少数民族都参与进来；书院教学内容不断扩展，比如历山书院开创了文、武、医三种教学内容，是一所多学科、多专业的书院；元代书院在制度上也进行了革新，主要表现在山长设置与职责上实行一院两山长，改山长为教授，山长之下设训导，主持教学等

元代濂溪书院

陈氏书院

元代时期修建书院蔚然成风

有关体制的变革措施，是有意义的尝试。总之，元代书院走上了越来越宽广的道路，以多姿多彩的文化教育功效为我国书院历史增添了一段绚丽的章节。

六 明代——书院的承前启后时期

白鹿书院内高悬的匾额

（一）发展概况

14世纪中叶开始，天下大乱，战火频繁，朱元璋推翻元朝，建立朱明政权，统一了全国。在书院发展史上，明代可以说是承前启后，占有着相当重要的地位。虽然在二十余年的残酷战争之后，宋元以来兴盛全国的书院大都毁于战乱之中，加上明初以官学结合科举制度推行程朱理学，使得明初一百年，书院几乎成为废墟。但书院在和"王湛之学"结合之后造就了一场倾动朝野的思想解放运动，书院再度辉煌，数量超过唐宋以来历代书院的总和，出现了前所未有的盛事。明代书院分布于十九个省区，主要特点：一是书院向边陲之地推广，云南、甘肃、东北辽东地区第一次出现了书院；二是书院的分布仍然呈现地区性不均衡状态，东北、西北、西南都无法和江南、中原相比；三是江西省继五代、北宋、南宋、元代之后，依然成为书院最多的省份；四是以江西为中心的书院密集区仍然存在。明代前期书院的发展历程大体可分为两个阶段：第一阶段，自洪武至天顺年间（1368-1464年），创建、兴复书院一百四十三所，但明代近百年的书院依然处于沉寂无闻的状态。这主要是因为明初政权大兴官学，并将官学与科举结合，规定科举考试的考生

明代崇德书院

王阳明像

只能由学校产生。学校成为步入仕途的唯一途径，书院教育不得不销声匿迹；第二阶段是明宪宗成化和明孝宗弘治年间（1465-1505 年），共四十一年，创建、兴复书院一百七十三所，呈现恢复性发展的局面。这是因为，首先朝廷对设置书院已经没有禁忌，开始对书院持支持态度；其次，宋元时期的一些著名书院开始得到一些修复，并且开始开展一些卓有成效的教育活动，比如岳麓书院、白鹿洞书院等。明代书院的全盛期在正德年间，书院的再度鼎盛得益于王阳明。

王阳明（1472-1528 年），名守仁，字伯安，浙江余姚人，因被贬贵州时曾居

进入清代，白鹿洞书院有多次维修，办学不断

住于阳明洞，世称阳明先生。王阳明是我国明代著名的哲学家、教育家、政治家和军事家，是朱熹后的另一位大儒，"心学"流派创始人。嘉靖四年（1525年）九月，在余姚中天阁讲学，门人三百多人，并作《中天阁勉诸生》文书于壁。著有《王文成公全书》。

王阳明在批判朱熹学术的同时，仍然采用朱熹广立学院的做法，四处宣扬自己的学术主张，他的自由讲学也变成了推广学院建设的文化运动。与王阳明一起从批判官方哲学入手，承担重建理论、重振纲常、重系人心大任的学术大师之中，最主要的为湛若水，他们二人的学说属于同一

王阳明心学的起点是"龙场悟道"，它奠定了王学的基石

学派，都继承和发展了南宋陆九渊的学说，史称"心学"，是宋明理学中与程朱之学不同的另一大派系。

湛若水（1466-1560年），字元明，号甘泉，增城（今属广东）人，弘治进士。少师事陈献章，后与王守仁往来切磋，同时讲学，各立门户，在各地创建书院。反对王守仁"致良知"说，认为"天理""皆发见于日用事物之间"，主张"随处体认天理"。反对"知先行后"说，主张"体认兼知行""知行并进"。著作有《湛甘泉集》。

王、湛两位大师都很注重书院建设，将书院作为宣传自己学术思想的阵地。正

新中国成立后，政府采取一系列措施对白鹿洞书院进行保护和维修

是他们及其弟子的努力，开启了继南宋以来我国书院史上第二个书院与学术互为表里的一体发展的趋势。新理论的崛起，再一次推动了书院的复兴，最终使得明代书院的建设进入了辉煌的时期。

（二）名师高徒

明代书院的著名讲学者或是主持人除了上面已经介绍的湛若水和王守仁外，还有胡居仁、李梦阳、马理、吕柟、何景明、王艮、邹守益、钱德洪、罗汝芳、王畿、吴国伦、李贽、汤显祖、顾宪成、邹元标、冯从吾、高攀龙、刘宗周、黄道周等等。

胡居仁（1434-1484年），字叔心，号敬斋，余干县梅港人，明朝理学家。师事崇仁硕儒吴与弼，饱读儒家经典，尤致力于程朱理学，过于其师。主张"以忠信为先，以求放心为要，操而勿失，莫大乎敬"。他致力于教育，从教二十余年，治学严谨，制订学规并亲自讲学，务求学生学以致用。先后创办了南谷、礼五、碧峰书院。江西学使李龄、钟成二人曾相继聘请胡居仁主讲于白鹿洞书院。著有《胡文敬公集》《易象抄》《居业录》及《居业录续编》等书。

李梦阳（1473-1530年），明代文学家，

明代崇德书院一景

东林书院丽泽堂

字献吉，号空同子，庆阳（今属甘肃）人。弘治十一年，出任户部主事，后迁郎中。倡导文学复古运动，主张文章学秦汉，古诗学汉魏，近体诗学盛唐。他是"前七子"之一，曾讲学于白鹿洞书院。著有《空同集》。

何景明（1483-1521年），字仲默，号白坡，又号大复山人，信阳（今属河南省）人。19岁中进士，授中书舍人。是明代"文坛四杰"中的重要人物，也是明代著名的"前七子"之一，与李梦阳并称文坛领袖，曾倡导明代文学改革运动。著有辞赋三十二篇，诗一千五百六十首，文章一百三十七篇，另有《大复集》三十八卷。

王艮（1483-1541年），明朝哲学家，泰州学派的创立者，字汝止，号心斋。泰州安丰场（今江苏东台）人。王艮的一生对泰州学派作出很大贡献，他的学生大多为下层群众，王艮不信"生而知之"的唯心主义天才论，而强调后天学习的重要性。由于他非经院出身，一生文词著述很少，着重口传心授，使"愚夫愚妇"明白易懂，这成了泰州学派的特色之一。王艮的著作，后人辑为《王心斋先生遗集》。

邹守益（1491-1562年），字谦之，号东廓，学者称东廓先生，江西安福人。正德六年进士，先后担任了南京吏部考功郎中、太常少卿、南京国子监祭酒等官职。曾讲学于广德的复初书院、杭州的天真书院、衡山的石鼓书院等。著有《东廓集》。

明代曾经在书院肄业的著名人物还有周冲、刘邦采、吴承恩、吴钟峦、陈龙正、黄宗羲、王夫之等。

王阳明提倡心学

吴承恩

周冲，字道通，号静庵，宜兴人，正德举人。由万安训导历任官至唐府长史，曾师从王守仁受业于赣州，并问学于稽山书院，又曾师事湛若水。著有《养正录》《希颜日抄》等。

吴承恩，字汝忠，号射阳山人，山阳人，曾肄业于当地的龙溪书院，生平博览群书，尤喜稗官野史与民间神话传说。著有《西游记》《射阳山人存稿》《禹鼎记》等。

（三）组织与活动

明代书院的组织管理主要表现在人员管理和生徒招收方面。和元代有所不同，

明代书院的主持人一般不是学官，而是由地方官员聘请或者是书院兴建者自己担任，有的书院中也曾出现过由学官兼管书院的事例。比如正德年间，经过江西巡按唐龙呈请，原兴化府教授蔡充充曾被改任南康府儒学教授，并负责管理白鹿洞书院，后来，黄佐任南康府学训导时、管天衢任建昌县学教谕时，也都曾分别兼任白鹿洞书院教事。除了学官以外，也有身为典史、推官而负责管理书院的，如程文德被贬为信宜典史时，曾主管苍梧的岭表书院；吴国伦与李应升则都是在任南康推官时负责白鹿洞书院教事的。

在生徒招收方面，明代有一些书院招

收生徒不以籍贯为限制，如稽山书院、东林书院，也有只招收本乡、本宗族、本地区生徒的书院；有择生而受的书院，也有不选择生徒的书院；有面向成人开展的书院，也有招收儿童入学的书院；另外，明代还出现了一种专供武臣子弟或者武举人入学的书院，比如肄武书院、辽左习武书院等等。明代书院对于生徒的去向问题，采取了和南宋书院类似的做法，即政府对书院生徒的去向不予过问。不过在明代末期在一定程度上有所变化，主要表现是有的书院，比如白鹭洲书院与白鹿洞书院，曾实行过这样一种办法：每逢岁考和科考时，对该院肄

顾宪成在无锡创办东林书院，讲学之余，往往评议朝政

业童生先期另考，录取一定的名额入儒学。但是，实行这种办法的书院不多，而且就程度而言，与元朝政府对书院生徒的去向管理尚不能相提并论。

明代绝大多数书院的主要教学活动可以分为讲学式和考课式两种类型。讲学式的书院重点在学术传授上面。教材除了儒家经典之外，还有理学家的著述。讲授内容或为儒经经义，或为某派学说。比如，王守仁曾在积善书院讲述过"致良知"说；李应升曾在白鹿洞书院讲授过朱熹的学说。

这个时期，有些书院在讲会制度方面有了充分的发展。讲会（也叫会讲）制度产生于南宋，明代中叶后，伴随着湛若水、王守仁以及其门人开展的讲学活动，讲会盛行一时。明代的讲会是一种有固定会期、有组织的活动。比如王守仁去世后，其门人薛侃等所建的天真精舍，每年都要在春秋两季的第二个月举行为期一个月的讲会。明代的讲会，发展至东林书院时期形成了著名的《东林会约》，内容包括明确学习要旨，遵照朱熹《白鹿洞学规》为书院基本规约，提出要"饬四要，破二惑，崇九益，屏九损"。并且对讲会仪式做出了详细规定。《东林会约》是一个体现了程朱学派理

东林书院育"天下言书院者，首东林"之赞誉

"东林书院"名称来历与杨时游庐山时所写"东林道上闲步"这首诗有关

学教育思想的讲会会约，一方面它继承了朱熹的《白鹿洞学规》，另一方面又吸取了以往的讲会经验。它的产生，一方面表明了讲会已更加制度化；另一方面也反映出讲会已发展成为书院的教学与地区性的社会学术活动紧密结合的一种组织形式。

考课制的书院实行每月会文考课制度，成为月课，考课内容服从于科举制度的需要。莲花书院、桃溪书院、马洲书院、兴贤书院都属于此类书院。

明代书院的供祀情况和元朝有所不同，不像元朝那样只重视供奉程朱派理学家，明代书院也重视供祀心学派的理学家，这和明代正德以后心学派兴盛有关。被供祀的心学派理学家，有南宋的陆九渊、杨简，还有明朝的陈献章、湛若水、王守仁及其弟子等。

明代书院重视藏书，如陕西提学王云凤建书楼于西安府正学书院，广收书籍供生徒阅读。同时，明代书院也刻印了许多图书，比如正德十年白鹿洞书院所刻司马迁《史记》一百三十卷；嘉靖十五年，义阳书院刻何景明《大复集》二十六卷等等。

七 清代——书院的繁盛期

康熙像

（一）发展概况

清代书院在官民两种力量的共同努力下，终于进入了前所未有的繁荣时期。清代共历二百六十八年，期间有书院约四千三百六十五所，是唐代以来书院总和的 1.49 倍，有三千七百五十七所是历朝官绅士民建立的，六百零八所是兴复重建的。书院遍布十八行省，在清代已经相当普及。

清代初期，清政府一方面采取高压政策，比如强制汉人剃发，建立驻防制度，大兴文字狱等以维护自身统治；另一方面则施展笼络手段，如尊奉孔子，提倡程朱理学，开科取士，兴办官学等，借以消除汉族知识分子的敌对情绪，巩固自身的统治基础。

东林书院作为自明代万历以来的讲学风标，在高世泰的主持下，在清初三十年间高扬讲学大旗，结交天下讲学之人，红遍江南。这些民间的讲学力量，不受朝代更迭的影响，坚持着传统并将其发扬，从关中到无锡，由徽州而吴越，千里呼应，显示着无形而巨大的力量，从而被统治者视为一种威胁，也决定了清初书院政策的走向。

清代书院的发展大体可分为四个

阶段。

第一阶段，顺治至康熙为书院的恢复发展时期。对于书院这种独立于官学系统之外的教育组织形式，清廷最初采取了一种抑制发展的政策。例如顺治九年，清廷曾下令明确规定不许别创书院。到了康熙年间，伴随着清王朝统治秩序的渐趋稳定，清廷对书院的态度也明显改观。如康熙二十五年冬，曾颁赐御书"学达性天"匾额给岳麓书院与白鹿洞书院，并颁发经史著作，这说明清廷对书院的发展政策已从抑制转向提倡、鼓励了。

第二阶段，雍正至乾隆时期为书院的

白鹿洞书院于光绪二十九年停办

於斯為盛　惟楚有材

清代岳麓书院主要传授儒学和汉学

大发展时期。很多书院得到过修葺或重建，比如白鹿洞书院、岳麓书院等；另外，一批新的书院得到了兴建，比如洛阳的天中书院，安庆的培原书院等等。雍正十一年后，书院进入了一个新的发展阶段，雍正帝颁布谕旨，肯定书院有助于"兴贤育才"，明令各直省省会均建立书院，并赐经费。这一谕旨，不仅意味着雍正帝对书院从抑制转为提倡，而且意味着清廷开始从经济上对书院的发展给予支持。随后，书院迅速发展起来。

第三阶段，嘉庆、道光、咸丰年间，

是书院的相对低潮期。这一时期，由于鸦片战争开始，新建的书院开始减少，不少原有书院也难免毁于战火，书院发展处于低潮时期。

第四阶段，同治、光绪年间，是书院的高速发展、快速变化并最终改制期。我们将在下一章重点讲述清末的书院改制。

清初的书院政策是由防患到疏引、由抑制到开放，最终目的是将书院由外在变为内在，纳入国家的整个教育体系中，雍正、乾隆时期的书院政策是构建官办书院体系。由于教学程度和学术研究水平的不同，书院形成了一种等级上的差异。就底层而言，私定的家族书院和民办的乡村书院为最底层，中间层是县立书院，最高层是州、府、道、省、联省各级书院，这构成了一个完整的书院教育体系，标志着书院已经进入了普及、成熟的发展阶段。

清代中期，书院历经嘉庆、道光、咸丰三朝，虽然其间国家遭受内忧外患，但是因受前期大发展的惯性推动，书院仍有较大规模的发展。

晚清，书院在社会的巨大期望中快速发展，民间力量成为支撑书院发展的主要力量，出现了研究型书院、专招女生的书

陈家祠

院以及具有专科性质的书院。

（二）名师高徒

清代书院的名师有黄宗羲、陆世仪、李颙、陆陇其、颜元、龚自珍、张伯行、王先谦等。

黄宗羲（1610—1695年），浙江余姚人，字太冲，号南雷，被尊称为南雷先生，晚年自称梨洲老人，学者称梨洲先生。明末清初经学家、史学家、思想家、地理学家、天文历算学家、教育家，与顾炎武、王夫之并称"清初三大儒"；与弟黄宗炎、黄宗会号称"浙东三黄"；与顾炎武、方以智、王夫之、朱舜水并

黄宗羲墓

称为"清初五大师"。有"中国思想启蒙之父"之誉。由他所开创的学派被称为清代浙东学派,明亡后,他曾讲学于会稽证人书院、鄞县证人书院、余姚姚江书院等。著有《宋元学案》《明儒学案》《明夷待访录》《南雷文定》等。

李颙(1627-1705年),清末明初人,字中孚,号二曲,又号土室病夫,二曲镇二曲堡人。李颙因在理学上的造诣被称为"海内大儒",并与黄宗羲、孙奇逢并称"清初三大儒"。著有《二曲集》《四书反身录》等。

清代书院的著名生徒中,名人数不胜数,比如戴震、钱大昕、段玉裁、万斯同、

戴震纪念馆

戴震文集

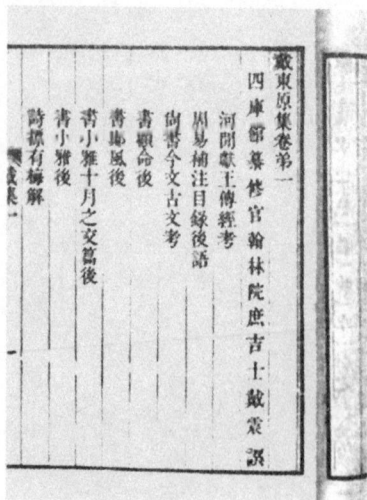

袁枚、王鸣盛、林则徐、魏源、黄兴、陈天华、梁启超、宋教仁等。

戴震（1724—1777年），清代考据学家、思想家，字东原，安徽休宁人。进士出身，曾任纂修、翰林院庶吉士之职。在哲学上，他认为物质的气是宇宙本原，阴阳、五行、道都是物质性的气。他还提出"光照说"。著有《戴震文集》《戴震集》等。曾主讲于浙东金华书院。

钱大昕（1728—1804年），江苏嘉定（今上海嘉定）人，清代史学家、汉学家，字晓徵，一字及之，号辛楣，又号竹汀，晚号潜研老人。参与编修《热河志》，与纪昀并称"南钱北纪"。归田三十年，潜心著述课徒，历主钟山、娄东、紫阳书院讲席，出其门下之士多至两千人。

林则徐（1785-1850年），福建省侯官（今福州市闽侯县）人，字元抚，又字少穆、石麟，晚号俟村老人、俟村退叟、七十二峰退叟、瓶泉居士、栎社散人等，是中国清朝后期政治家、思想家和诗人。因其主张严禁鸦片、抵抗西方侵略、坚持维护中国主权和民族利益深受世人敬仰。

林则徐是中国清朝后期政治家、思想家和诗人

（三）组织与活动

雍正十一年以后的清代书院是中国书院历史上书院制度官学化最为严重的时期，这体现在书院的组织管理、教学内容、经费收入等各个方面。

在人员管理方面，清代书院的主持人被称为"山长""院长""掌院""掌教""主讲"等，雍正以后，书院的主持人一般为当地官员所延聘，同时，政府对书院主持人的控制也大为强化。除了主持人，清代书院比较常见的主要管理人员为监院、学长与斋长，比较常见的职事有书办、门夫、伙夫等。

生徒招收方面，清代有不少以籍贯为限制的书院以及不少择生的书院，乾隆以后的书院主要分为省立、府立、州县立三

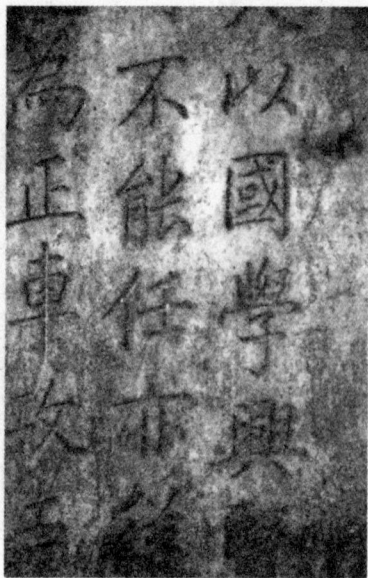
北京孔庙国子监石碑字刻国学

种，顾名思义分别招收本省、本府、本州县的生徒。与此同时，清廷一再颁布谕旨，要求各省督抚饬令地方官员对书院的生徒必须严加甄别方能录取。这也表明，政府对书院的控制加强了。

清代科举制度盛行，课试"以八股为主"，所以八股文成为书院的主要教学内容。在这些书院中，主要的活动是进行考课，宋代书院已经有了考课，但是到了清代，书院的考课才真正形成一整套制度，并普遍地推行开来。考课分为官课与师课两种，官课由地方官命题，内容主要为八股文、试贴诗等。书院一般每月都进行考课，叫做月课，通过考试决定生徒的升降。

除了上述书院，清代也出现了一些注重学术或学问传授的书院。比如注重传习理学的书院，如东林书院、关中书院、嵩阳书院等，这些书院大都以传习程朱理学为主，或是传授王守仁的心学；也有注重学习经史词章之学的书院，比如阮元所建的杭州诂经精舍与广州学海堂；更有注重讲求中西实学的书院，比如最先兴办并在光绪年间建成的上海格致书院等等。

伴随着乾嘉汉学的兴起，清代一些传习经史词章之学的书院开始重视供祀汉儒，比如杭州诂经精舍祀许慎、郑玄；广州学海堂祀郑玄，另有许多书院供祀文昌帝君、魁星等。清代是中国书院史上供祀人物最多的时期。

清代书院的藏书、刻书活动也较为兴盛，藏书事业较前代有了较大发展，出现了许多藏书众多的书院。比如广州广雅书院藏书五万三千余册、苏州学古堂藏书八万余卷、太平仙源书院藏书七万余卷、惠州丰湖书院藏书五万三千余卷等等。鸦片战争后，一些书院还很注意收藏有关西方政治、经济、外交、历史、地理等方面的书，比如大梁书院所藏西学书籍千卷以上。这些藏书有的源于朝廷颁赐；有的来自官府拨款；也有私人捐赠、书院自己购买或自己刻印等。这一时期书院在图书的购买、收藏、借阅、维护方面，已经形成了一整套科学并且成熟完善的制度。

另外，清代也是我国刻书事业的鼎盛时期，在中国书院历史上，这一时期的书院刻书之丰是首屈一指的。书院所刻书范围很广，有前代旧作，也有本朝新作；有山长作品，也有生徒作品。门类丰富，数量众多。

书院屋檐一角

八 清末——书院的终结

清代琼台书院

（一）书院改制原因

清代同治、光绪年间，书院新增了一千零三十七所，这是一千三百多年书院发展历史上从未有过的发展速度。同时，书院努力适应社会日益变化的科学教育观念，引入了西学、科学等教学内容，开始了书院由古代向近代的变革。

清代是中国书院史上书院分布最为广泛的时期，同时也是书院的积弊日益显露，日益阻碍书院继续发展的时期。清代的书院官学化十分严重，这成为造成书院弊端的主要原因，这些弊端主要表现在以下方面：

一是很多书院的主持人不称职。

虽然有很多具有真才实学的文人学者曾经在书院担任过主持人，但是这和清代二百六十多年时间内任职于书院的山长相比，只是占了一小部分。清政府明文规定，延聘书院的主持人必须经过地方官员的严格选定，但是许多地方官员正是利用了这一点，随意滥用私人，谋求私利，不问其学问品行。这严重影响了书院的办学、教学、管理质量，并滋生了不良的风气。乾隆年间，已有书院山长"多系上官同僚互相推荐，遂致徇情延请，有名无实"的现象。嘉庆、道光以后，这种现象愈演愈烈，许多书院都被地方官员据为己有，他们所聘请的山长，或者是朝中官员推荐；或者是上级官吏授意；或者是自己的亲友。真正具有才干的人，根本得不到重用的机会，而通过这种不正当途径选聘上来的山长，不能担负起发展书院的责任，其对书院发展的危害作用可想而知。

陈氏书院又称陈家祠

二是大多数书院生徒专究制艺，没有真才实学。清朝政府规定书院课试以八股文为主，所以清代许多书院的主要教学内容为八股文，这就逐渐导致书院生徒形成了以功名利禄为唯一指规，只知道死学八股，把精力浪费在了无用之学上面。同时，由于清朝政府向书院提供经费支持，所以

鸦片战争博物馆

也有不少书院生徒前来仅仅是为了谋求膏火银或是加奖银，导致了他们将注意力都放在了争夺钱财上面。为了竞争课试的排名，不惜舞弊作伪，互相攻击，完全忽视了书院的教学立人，使得书院很难发挥培养、教育人才的作用。

到了光绪年间，上述情形愈演愈烈，书院的积弊已经使得书院无法再继续发展下去，从而迫使书院不得不进行改制。

另外，除了上述原因，书院改制也有深刻的社会背景。鸦片战争之后，中国遭受列强侵略，使得民族危机、社会危机一度加深，一些有识之士纷纷意识到，应该将眼光放远，学习西方先进的科技，培养

林则徐的名言

出新型的通晓西学的人才。而当时书院以
八股文为主的教学内容，根本无法满足社
会、教育提出的这一要求，也就是说，书
院作为原有的封建社会上层建筑的组成部
分，无法适应鸦片战争之后中国社会已经
逐渐变更的社会经济基础，所以，从这个
意义上来说，书院的改制不可避免。

（二）书院改制始末

甲午战争中清政府的失败为书院改制
提供了契机，这次战争以后，帝国列强
更加肆无忌惮地侵略瓜分中国，这种形

西安书院门

清末——书院的终结

式之下，书院教育同社会需要不相适应的矛盾更加凸现。而伴随着后来康有为、梁启超等人发动的历史上有名的戊戌变法，书院改制也自然成为变法的重要议题之一。

早在同治、光绪之际就创建了许多新型书院。"新"主要指在书院的研究与教学内容之中出现了前所未有的西学成分，按照创建者身份来分，有国内有识之士办的，也有外国人办的，还有少数是中外合办的，比如上海格致书院。创办书院的外国人主要是传教士，他们创建了百余所教会书院。这些教会书院的教学形式和内容，对正处于改革中的中国书院具有一定的引领和启发作用；

清代陈氏书院

中国人办的书院以经世致用、通经致用为宗旨，在旧的传统中注入具有时代特色的内容，兼课中西实学。比如陕西的泾阳崇实书院、浙江杭州的求是书院，前者的教学内容有中学、外国政治、法律、军事、历史、地理、语言文字、科学、技术等，后者则延聘一位西人为正教习，教授各种西学，并且令生徒每日浏览中外报纸。甲午中日战争之后，西学成分日益增多，尽管提倡"中学为体，西学为用"，但经史两门传统学科的地位在书院中日益被西学所取代，这是书院进化的大趋势。

慈禧

光绪二十一年，顺天府尹胡炳莱上折，率先提出改书院为学堂的提议。第二年，刑部侍郎李瑞裁也上折提出"可下令让每省每县各改一所书院为学堂"。另外，山西巡抚胡聘之、学政钱骏祥在光绪二十二年上折提出可以另设学堂以"交资互益"，研习经义、史事、时务与算学，对天文、农务、兵事等一切有用之学也应分门类进行教授和研讨。除了这两种主张，还有受到上海格致书院影响，主张建立兼课中西史学的新式书院试图创办一种"不必限定中学西学，但期有裨实用"的格致实学书院。

清德宗（光绪）载湉

桃花坝竹山书院

清政府考虑了这些主张，并于光绪二十二年命令各省督抚学政"参酌采取"，在此之后的一年多时间里，各地做法虽然不一，但是大致可分为传统书院的改革和新型书院的建立两个层次。传统书院的改革分两项：一是改无用的科举之学为经世致用的科学、西学，这是从书院教学内容上进行变革，比如令德书院、两湖书院、经心书院等，后两所书院是由湖广总督张之洞亲自改订课程，分设经学、史学、地舆学、算学四门，生徒必须全部学习且精通，经心书院也设立了外政、天文、格致、制造四门，要求和前者相同，两所书院都奉行了"中学为体，西学为用"的办学宗旨；二是重新定立规章，削减限制官府权力的入侵，引进士绅等民间力量加入管理队伍，从制度上保证了聘任的山长是有真才实学的人才。

戊戌变法开始后，光绪帝主张改革书院，这次改革只维持了数日便被慈禧太后下旨撤销，这对于改革中的书院有所打击。但是两年以后，随着《辛丑条约》的签订，中国的内忧外患更加严重，为了缓和人民的反抗情绪，清政府再次下令实行新政，其中内容之一便是改学院为书堂。

但是科举制度一日不废除，传授八股

琼台书院相传是后人为纪念海南第一才子、明朝大学士丘浚而建

文的传统书院对于一些追求功名的士子就尚存有吸引力。在光绪三十一年八月四日，清廷为形势所迫，终于下令废除了延续千年的科举制度，这才加速了书院改学堂的步伐，全国范围内的书院陆续改为学堂或是被废弃。

至此，从唐代以来，我国千年的书院制度就此告终。但是书院育人、立人的宗旨并未停止，而是跨入了近代、现代，延续了中国文化教育发展的血脉，并在改制中获得了新生。

古代书院作为书籍和知识的流通场所，对中华文明的发展起着重要的促进作用。

清代科举榜单

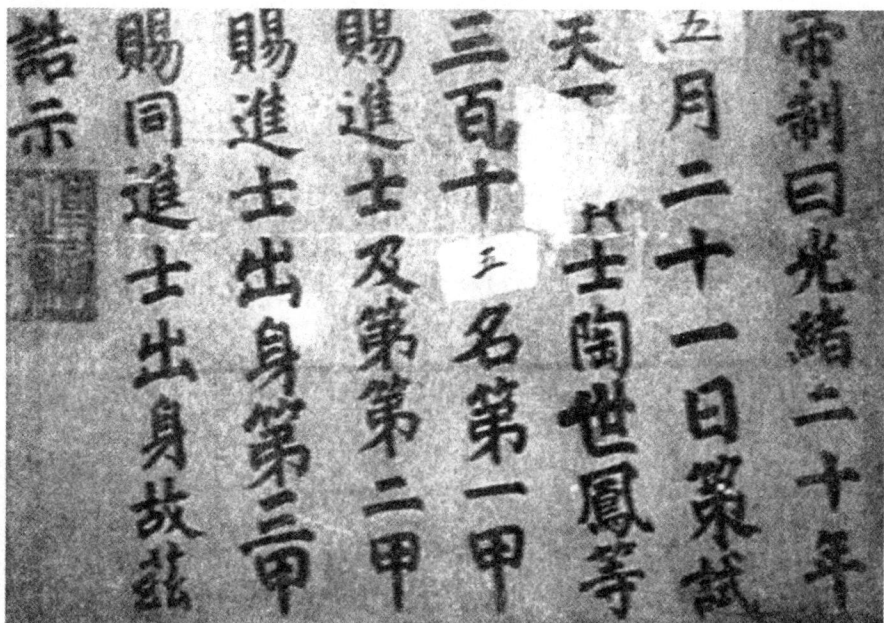

清代科举榜单

第一，书院促进了中国学术思想史的发展。宋、元、明、清每个时期的学术思想都发生过演变，而书院的发展对学术思想的演变起到了不可忽视的作用。可以说，没有书院的发展，无论是宋代理学的风行、明代心学的大盛还是清代汉学的繁荣都是无法想象和发生的。另外，许多重要的学术思想流派，如宋代的程朱学派、湖湘学派、金华学派、象山学派，明代的甘泉学派、阳明学派、东林学派，清代的乾嘉学派，都是以书院作为主要基地而形成或发展起来的。

第二，书院促进了中国文学史的发展。除了一些思想家、学者在书院从事讲学活动之外，一些著名的文学家也活跃于书院的讲坛，因此书院也是他们的文学思想得以传播的主要渠道之一。比如清代桐城派三祖之一的姚鼐，在书院讲学数十载，其弟子方东树、姚椿、姚莹、梅曾亮等，其再传弟子吕璜、方宗诚等也曾在书院讲学。他们从事的书院讲学活动是桐城派之所以能够成为清代最大的文学流派的一个重要因素。

第三，书院促进了中国图书事业的发展。书院一般都具有藏书的功能，因此一大批典籍便通过书院得以保存和流传后世，同时，在收藏过程中逐渐形成了一套严密、科学的图书收藏与维护制度，丰富

北京孔庙国子监孔子文化展之古籍

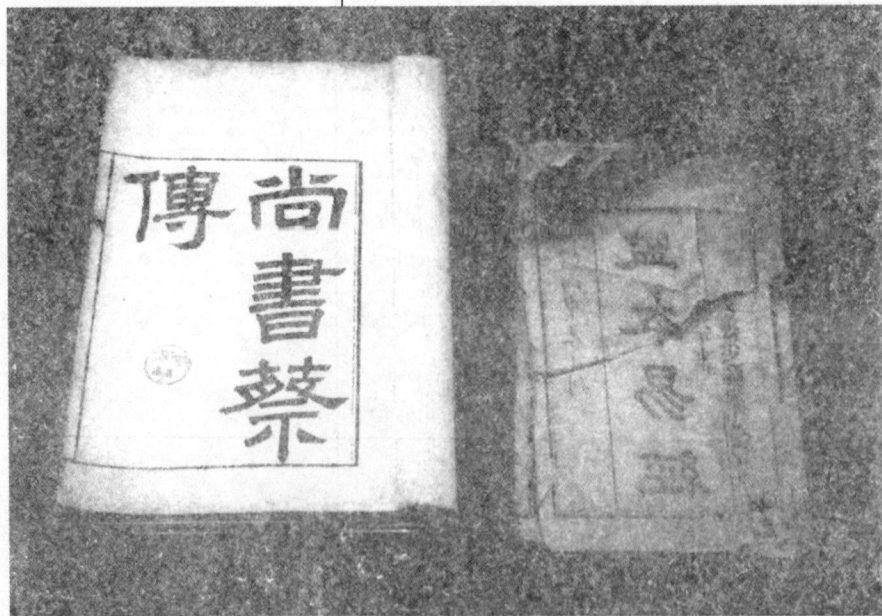

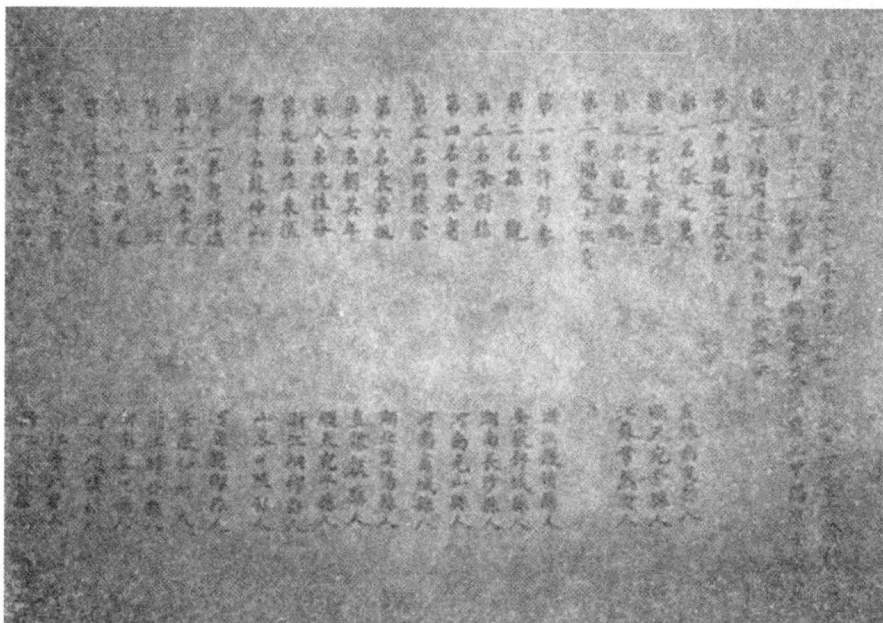

了我国的图书管理经验。宋代以后，书院具有了刻书的功能，也为繁荣我国的图书事业作出了贡献。

第四，书院促进了中国教育史的发展。我国各个历史时期的书院，都是当时当地的教育中心，对所在区域的文化教育事业的发展起到了重要的推进作用。另外，书院作为一种特殊的教育组织形式，在教学与组织管理方面积累了许多宝贵的经验，形成了不少与官学迥然不同的特点。比如把教学工作与学术研究相结合，注重对学生自学能力的培养等等，这些理论不仅成为了我国教育的宝贵遗产，更为今天的教育改革提供了颇为有益的借鉴。

清代科举榜单

龙江书院

龙江书院是曾经传播毛泽东军事思想的地方

第五，书院在促进中国史学史发展以及近代社会演化等方面也曾起过一定作用。中国的书院文化还曾传播到海外，对中外文化交流起到了一定的促进作用。更为重要的是，中国历代书院培养了一大批学者、思想家等历史名人，他们在中国古代的各个领域中都作出了重要贡献，对中国古代的繁荣以及中国古代文明文化的发展都起到了重要作用。

总而言之，书院在中华文明史上有着独特、重要、不可取代的历史地位，以上的章节中，我们按照书院发展的时间顺序为大家讲述了一部中国古代书院的发展史。